LA GARDE NATIONALE

DE FORBACH

(MOSELLE)

AU ROI.

Sire,

A peine la liberté eut-elle fait entendre sa voix aux héros des trois grands jours, que de nombreux échos lui répondirent sur les rives de la Moselle. Les couleurs de l'indépendance ont flotté spontanément sur les clochers de nos villes et de nos campagnes; les citoyens ont demandé des armes pour veiller à la tranquillité publique, à la sûreté des frontières qui pouvaient être menacées, et votre avénement à la couronne a été salué par les transports unanimes d'un peuple libre.

Les habitans de Forbach, fidèles aux sentimens patriotiques qui les animaient en 1790, et qu'ils conservent purs après trente années d'esclavage, ne se sont pas laissé dévancer par les autres villes; citoyens du boulevard nord-est de la France, ils ont compris combien il importait à la tranquillité générale de prendre une attitude armée qui pût imposer aux ennemis de nos institutions, et, après s'être équipés à leurs frais, ils n'ont épargné ni démarches, ni réclamations pour obtenir des armes. L'arsenal de Metz leur ayant fourni 200 fusils, ils n'ont cessé depuis lors de se distinguer par un service régulier et un dévoûment digne d'éloges. Cependant, un arrêté de M. le baron Sers, préfet de la Moselle, vient tout à coup de dissoudre cette milice dévouée; un proconsul violent oppose fièrement son *veto* aux réclamations d'une population tout entière; il la désarme, et ne craint pas de l'offenser dans le sentiment intime des droits les plus chers, ceux de l'honneur et de l'indépendance!...

Des motifs graves n'excuseraient point la mesure de M. Sers; elle resterait répréhensible même devant les plus puissantes considérations d'intérêt public, parce que sous le régime de la liberté, les fonctionnaires doivent être les premiers à montrer une servile obéissance aux lois de l'état, régulatrices suprêmes de leur conduite à l'égard de leurs administrés. Mais, quelle idée concevoir de l'acte du préfet de la Moselle, lorsque nous aurons prouvé à VOTRE MAJESTÉ que les seules raisons propres à pallier sa faute n'existent pas, et qu'elle ressort, au contraire, entourée de circonstances aggravantes qui réclament une éclatante *justice?*

Voici l'exposé des faits :

Une intimité fatale à la commune de Forbach existait depuis long-tems entre le maire et le curé. Ce dernier, successeur d'un homme vénérable dont la vie retirée et les habitudes modestes contrastent singulièrement avec les siennes, trouva qu'il était indigne de lui d'habiter une maison que son prédécesseur avait occupé quinze ans; il se récria sur l'inconvenance du logement; on lui répondit en alléguant pour excuse les médiocres revenus de la ville et l'impossibilité où l'on était de faire davantage pour le moment. Mais de semblables raisons, prépondérantes pour tout autre, ne trouvèrent point accès dans le cœur de M. Barthel. (C'est le nom du curé de Forbach.) Il parvint à gagner les bonnes grâces de l'autorité municipale, et le maire et son conseil arrêtèrent l'achat d'une maison de cure située au centre de la ville. Elle coûta excessivement cher. On fut obligé, pour la payer, non-seulement de vendre le quart en réserve, mais encore de prélever, pendant plusieurs années, 6 à 800 francs sur les revenus de la commune. Dès ce moment, les malheureux dont la ville de Forbach abondent, privés du bois de chauffage qui leur était alloué, poussèrent d'inutiles plaintes; elles vinrent toutes se briser à la porte de la nouvelle maison du curé, et les larmes du pauvre ont signalé le début de ses fonctions pastorales. Le maire et la majorité de son conseil ne furent point à l'abri des justes reproches d'une population dont ils avaient sacrifié les intérêts; un sentiment d'animadversion générale ne cessa de peser sur eux, et plusieurs fois, notamment le 1.er mars 1829, des plaintes furent adressées à la préfecture de la Moselle. Mais, sous l'ancien gouvernement, il était de la destinée du peuple de souffrir, de supporter sans murmure les intrigues du jésuitisme, les mesures iniques de l'arbitraire. M. Schwartz, maire de Forbach, fit attendre, pendant quinze ans, les comptes annuels que lui demandaient ses administrés; on réclama vainement : trois cents signatures apposées aux pétitions ne les empêchèrent pas de mourir dans les cartons de M. de Tocqueville un de nos anciens préfets. Telle était, SIRE, la triste position de la commune qui réclame aujourd'hui près de vous, lorsque la révolution de juillet, consacrant les principes d'équité si long-tems méconnus, a fait briller sur la France une aurore de prospérités. Les habitans de Forbach ont cru lire sur l'étendard aux trois couleurs le signal de leur prochaine délivrance, et de nouvelles plaintes se sont élevées pour secouer le double joug qui pesait sur leurs têtes. Un mois s'était écoulé depuis la chute de l'ancien gouvernement; aucune amélioration n'avait encore été faite à Forbach; les malheureux sont impatiens de jouir d'un sort meilleur, aussi des murmures sortaient-ils de toutes les bouches, et le 2 septembre des cris *A bas le curé* partirent de plusieurs groupes formés dans les rues. Peut-être alors les choses eussent-elles pris un caractère fâcheux sans l'intervention de M. Joseph Gerl et de plusieurs autres habitans paisibles qui firent entendre raison à leurs concitoyens. Pour éviter des scènes plus fâcheuses, on écrivit sur-le-champ à M. Sers, préfet de la Moselle, ce qui venait d'avoir lieu; on le pria de demander à l'évêque l'éloignement du curé, le changement du maire qui n'avait cessé de se montrer contraire au nouvel ordre de choses, et on ne lui cacha point que les désordres les plus graves pourraient se manifester s'il ne prenait promptement une mesure propre à calmer les esprits. Mais il entrait dans les principes de M. Sers de ne pas en avoir d'arrêtés, de se balancer entre deux partis sans marcher avec franchise, de ménager les hommes de l'ancien régime au préjudice de la France nouvelle, et de laisser indécises les questions d'intérêt public soumises à son examen. Des lettres à M. Coinze, sous-préfet de Sarreguemines, des réclamations écrites et verbales, renouvelées à M. Sers, n'ont pu tirer ce dernier de sa torpeur administrative pour faire un acte de justice sollicité par une population tout entière. Impassible au milieu des impétrans, il se retranche, pendant six semaines, derrière sa responsabilité, et le premier signe de vie qu'il donne dans le Département, est une mesure odieuse, attentatoire aux droits du peuple, un mouvement de présomptueuse brutalité auquel on était loin de s'attendre. Pardonnez, SIRE, à l'expression juste et vraie de notre indignation; les faits sont tels que notre âme attristée ne peut contenir une émotion pénible, tant l'offense de M. Sers nous a profondément émus.

La garde nationale de Forbach, organisée à la hâte, avait suivi, dans la nomination de quelques chefs, les formalités prescrites par la loi de 1791. M. Iung, citoyen auquel jusqu'alors on n'avait rien eu à reprocher, nommé capitaine, au scrutin secret, accepta bientôt après le grade de commandant qui lui fut donné, cette fois, non plus en observant les clauses de la loi, mais par *acclamation*. Satisfait d'avoir atteint le but auquel il tendait, M. Iung abandonne aussitôt les intérêts de ceux qui l'avaient élevé à l'honneur de les commander; il se rapproche du maire, du curé qui n'épargne ni dînés, ni prévenances, ni caresses, et il perd sa popularité au point que, huit jours après, la garde nationale déclare aimer mieux poser les armes que d'obéir à un homme devenu indigne de sa confiance. Cependant, ces griefs s'appaisent; la voix impérieuse du devoir se fait entendre à des citoyens armés pour le maintien de la paix publique; ils oublient les torts d'un chef espérant que l'avenir en fera justice, et prennent la résolution de réclamer instamment le renvoi du curé, fauteur de tous les désordres qui ont pu naître, source inépuisable de troubles et de dissensions domestiques. Le dimanche 18 octobre, trois cents citoyens prient le maire et le commandant de prendre enfin un parti conforme aux vœux unanimes de la population qu'ils représentent, de faire entendre au curé qu'une mission évangélique ne peut s'exercer avec fruit dans un lieu où l'on n'inspire pas la moindre confiance, et de l'engager à rendre la paix à ses paroissiens en sollicitant lui-même un successeur. Tout ne se passa point avec calme dans cette réunion où luttaient ensemble des intérêts opposés; la garde nationale fut traitée avec fort peu de ménagemens, et quelques fonctionnaires n'ont pas craint de se souiller en outrageant cette troupe citoyenne. On espérait néanmoins que, la nuit portant conseil, amènerait le lendemain une résolution favorable aux réclamans, mais quelle ne fut pas la surprise de chacun, lorsqu'on apprit que MM. Schwartz, maire, Schrœder, adjoint, Délinot, percepteur des contributions directes, et Iung, commandant de la garde nationale, venaient de prendre la résolution de porter au sous-préfet de Sarreguemines.

des plaintes calomnieuses, assez graves pour provoquer, de la part d'une autorité inconséquente, une mesure de rigueur contre la garde nationale de Forbach. A cette nouvelle, on se rassemble sans armes et sans être en tenue; quelques citoyens annoncent les menées sourdes de quatre individus précités; une pétition énergique pour repousser l'orage dont Forbach est menacé est rédigée à la hâte. Près de deux cents signatures obtenues sans contrainte et sans efforts viennent aussitôt protester contre l'iniquité des mesures qui vont suivre ; on se récrie de toutes parts contre la honteuse complicité du maire, du pasteur et de leurs adhérens ; mais à la voix des chefs le calme succède à de justes murmures. Sur la proposition de l'un d'eux, les gardes nationaux se rendent à l'exercice accoutumé qu'ils terminent par une promenade militaire dont les plus absurdes calomnies ont tenté vainement de dénaturer le but, M. le sous-préfet de Sarreguemines lui-même ayant depuis reconnu l'opportunité de cette promenade. La garde nationale, sur le point de rentrer en ville, marchait avec tout le calme qu'inspire une conscience pure, lorsqu'elle aperçut, dans la même direction, M. le sous-préfet Coinze, escorté de deux gendarmes et des magistrats impopulaires de la commune. Arrivés en même tems sur la place publique, les soldats de la garde citoyenne se séparent et les chefs sont appelés à l'Hôtel-de-ville pour subir l'interrogatoire de M. Coinze. Le lendemain, 20 octobre, depuis six heures du matin jusqu'à dix, cinquante à soixante pères de famille sont successivement entendus, et de cette longue enquête il résulte, pour M. le sous-préfet, l'intime conviction qu'aucun désordre n'a eu lieu. Lui-même se plut à le reconnaitre devant plus de deux cents témoins encore prêts à l'attester. Une demi-heure après, la garde nationale en armes reconduit M. Coinze jusqu'aux portes de la ville ; elle croit sa tranquillité bien assise, et déjà chacun nourrit l'espoir d'obtenir une autorité municipale, un pasteur et un commandant dignes de représenter les garanties du pouvoir civil, militaire et religieux; mais en adressant ses adieux à la milice bourgeoise, M. Coinze, nouvelle idole du paganisme, ayant des yeux pour ne point voir, méconnaissant les intérêts et les plaintes si légitimes de ses administrés, leur impose de nouveau le commandant qu'ils repoussent et les engagent à subir l'autorité de M. Iung. Une indignation générale accueille ces paroles; tous se récrient, tous déclarent ne pouvoir marcher désormais sous les ordres d'un chef qui les a calomniés et trahis. M. Coinze, qui devait s'attendre à l'effet que produiraient ses conseils inopportuns, reprit la route de Sarreguemines sans paraître nourrir la moindre idée de vengeance, mais il conservait probablement dans son cœur quelque ferment caché de haine ou de colère, car le même jour, il écrivit au préfet de la Moselle *que des désordres ont eu lieu dans la commune de Forbach, que la tranquillité publique a été troublée,* etc., etc. Nous n'avons pas ce monument de sagesse administrative, mais nous nous en formons facilement l'idée par les conséquences qui l'ont suivie. Le 22 octobre, deux jours après le rapport de M. Coinze, M. Sers abandonnant l'hésitation craintive naturelle à son caractère, lance un arrêté fulminant qui ordonne le désarmement et la dissolution de la garde nationale de Forbach; il tranche au vif, d'un trait de plume, une question qui méritait au moins d'être approfondie; le témoignage d'un sous-préfet lui suffit dans une circonstance aussi grave, et sans craindre d'assumer sur sa tête le poids énorme de cette responsabilité derrière laquelle il se retrancha si souvent, on le voit tout-à-coup fouler aux pieds les droits les plus sacrés d'un peuple, ceux de son existence civile, faire coïncider, à l'ombre du drapeau tricolore, l'arbitraire de l'ancien régime avec les franchises de celui-ci, et consacrer au despotisme sur les autels de la liberté!......

Arrêté du préfet du département de la Moselle, du 22 octobre 1830.

Le préfet,

Vu le rapport de M. le sous-préfet de Sarreguemines, en date du 20 de ce mois, duquel il résulte que des désordres ont eu lieu dans la commune de Forbach, et ont troublé la tranquillité publique;

Considérant qu'une partie de la garde nationale a méconnu les ordres du commandant qu'elle-même avait choisi pour chef; que plusieurs officiers ont refusé de lui obéir, et ont obligé les citoyens soumis à leur commandement à prendre les armes contrairement à ses ordres;

Considérant que M. le sous-préfet s'étant transporté en personne sur les lieux, n'a pu obtenir que ce chef fût reconnu par les compagnies;

Considérant que la garde nationale instituée pour maintenir l'ordre public, ne remplirait pas le but de son institution, si, après s'être donné des chefs, elle méconnaissait leur autorité et s'arrogeait le droit d'en élire d'autre; Arrête :

Art. 1.er La garde nationale de Forbach cessera toutes fonctions jusqu'à ce qu'il ait été pourvu à sa réorganisation suivant la loi nouvelle promise par l'article 69 de la Charte constitutionnelle.

Art. 2. Les deux cents fusils accordés à la ville de Forbach seront déposés à la mairie jusqu'à l'époque de la réorganisation.

Art. 3. Expédition du présent arrêté sera transmise à M. le sous-préfet de Sarreguemines, chargé d'en assurer l'exécution.

Fait à Metz, le 22 octobre 1830.

Le préfet, *signé* SERS.

Pour copie conforme :
Le sous-préfet de l'arrondissement, signé COINZE.
Pour copie conforme : SCHROEDER, *adjoint.*

Cet arrêté fut accompagné d'une espèce de proclamation de M. Coinze, conçue de la manière suivante :

Forbach, le 23 octobre 1830.

Habitans de Forbach!

Votre ville a été le théâtre de désordres fâcheux; votre garde nationale s'est mise en révolte contre un commandant qui avait été librement élu, et qui n'avait pas démérité de ses concitoyens; des hommes armés pour le maintien de la tranquillité publique l'ont troublée par des clameurs contre des fonctionnaires que leur devoir était de faire respecter. Des poursuites judiciaires pourraient être dirigées contre les coupables, mais peut-être atteindraient-elles ceux qui n'ont été que les instrumens du désordre, tandis que les instigateurs se verraient épargnés; la dissolution est le seul moyen de déjouer les projets de ceux qui ont excité à la violation des lois. Les armes confiées à chacun de vous devront de suite être déposées à l'Hôtel de la ville. Quand le calme sera complétement rétabli, ces armes vous seront rendues, vous serez appelés à vous nommer de nouveaux chefs, et l'esprit de sagesse présidant aux nouvelles élections, je suis persuadé que Forbach donnera à l'avenir l'exemple du patriotisme uni à l'amour de l'ordre. Si mon attente était trompée, les coupables n'échapperaient pas à l'action des lois.

Au milieu du tumulte, on a été injuste envers votre maire. Il ne voulait plus garder une autorité qui a été méconnue, et il m'avait offert sa démission; je n'ai pu l'accepter en présence de la violence dont on nous menaçait. Quelque soit mon désir d'être utile à votre ville, je ne pourrai prendre un parti tant que l'ordre ne sera pas respecté.

Le sous-préfet du quatrième arrondissement.

Signé COINZE.

Pour copie conforme,

SCHROEDER, *adjoint*.

La plus exacte vérité a présidé, Sire, à l'énoncé des faits soumis à l'examen de Votre Majesté; il nous reste maintenant à discuter la légalité de la mesure prise par M. Sers, et à l'attaquer dans ses motifs et ses conclusions.

Si nous étudions tout le système législatif concernant la garde nationale, depuis la loi organique de 1791, jusques et y compris les ordonnances rendues depuis 1814, nous voyons les fautes des milices bourgeoises soumises à des répressions disciplinaires; la direction, la réquisition et l'administration de la garde nationale sédentaire sont confiées à l'autorité administrative, mais aucune loi ne donne à cette autorité le pouvoir de la dissoudre.

Ce serait une inconséquence législative extrêmement grave de laisser à un maire, à un préfet le droit de dissoudre la garde nationale d'un lieu quelconque; les garanties populaires de la plus grande ville comme celles du plus simple hameau; la force généreuse et puissante de la liberté, confiée principalement aux milices citoyennes, dépendraient du caprice d'un proconsul plus dévoué aux émolumens de sa place qu'aux intérêts si chers de la grande famille; la population de Bordeaux, Lyon, Paris, car il ne saurait exister qu'une seule et même règle pour toutes les localités, se verraient insolemment châtiées, le cas échéant, par la verge d'un petit despote, satrape complaisant et si souvent servile de l'administration supérieure.

Sire, une ordonnance émanée de vos mains royales peut donc seule opérer la dissolution et le désarmement dont il s'agit; toute autre manière d'opérer est illégale, car elle ne s'appuie sur aucun antécédent ni sur aucun principe. Bien que notre régénération politique nous dispense, pour appuyer des raisonnemens applicables à l'époque actuelle, de remonter aux faits de la dynastie déchue, peut-être n'est-il pas hors de propos de rappeler que Charles X, non-seulement ne confia point au préfet de la Seine le soin de frapper au cœur la garde nationale de Paris; il ne crut pas même son sceptre trop puissant pour sanctionner l'arbitraire d'un tel acte, et il l'estima trop faible pour opérer le désarmement des citoyens de sa capitale. Eh bien, ce que le signataire des ordonnances de juillet a craint d'opérer, le préfet de la Moselle a cru pouvoir le faire, dans un moment où les puissances voisines ont les yeux fixés sur la France, où déjà le bruit de nos dissensions intestines retentit en Europe.

La question qui nous occupe a déjà fait l'objet de plusieurs discussions insérées dans les n.ºs 40, 41, 42 et 43 de l'*Indicateur de l'Est.* Les rédacteurs de cette feuille ont démontré, contradictoirement à la lettre de l'arrêté du baron Sers et la proclamation de M. Coinze, que les motifs sur lesquels pourraient se fonder l'opportunité d'une dissolution de garde nationale n'existe nullement dans cette circonstance. Aucune raison ne vient à l'appui de M. Sers; les principes d'illégalité qu'il voudrait combattre ressortent même des moyens palliatifs allégués par M. Coinze. En effet, il n'y a eu dans l'affaire de Forbach ni *désordres fâcheux*, ni *révolte*, mais seulement refus d'obéir à un chef indigne de conserver ce titre, et dont l'élection n'a d'ailleurs aucun caractère légal, puisqu'elle a été faite par acclamation; vous osez dire qu'il n'a *point démérité de ses concitoyens*, lui qui les a trahis, qui a fait cause commune avec leurs dénonciateurs; vous prétendez que *des hommes armés pour le maintien de la tranquillité publique, l'ont troublée par des clameurs que leur devoir était de faire respecter;* mais interrogez la population de Forbach tout entière, elle vous répondra que son repos n'a point été compromis et que les citoyens n'étaient point en armes lorsqu'ils ont pétitionné contre leur curé; vous nous menacez de *poursuites judiciaires* que nous appelons de tous nos vœux, et vous le faites, après avoir reconnu vous-même, qu'il n'existait point de coupables et que les dénonciations étaient calomnieuses. Quant à la *dissolution* que vous proclamez *seul moyen de rétablir l'ordre, de déjouer les projets,* etc., vous commettez un intolérable abus en invoquant une telle mesure, vous vous rendez complice d'une sorte de forfaiture, vous nous autorisez à repousser par la force un arrêté qui ne pouvait émaner ni de vous ni du préfet, et ceux que vous taxez de *rébellion* se montrent, en déposant leurs armes, bien plus amis que vous de l'ordre et de la tranquillité. *Au milieu du tumulte, on a été injuste envers le maire.* Qui vous l'a dit? qui a pu vous instruire de la non-validité des plaintes accumulées contre ce fonctionnaire? *Il ne voulait plus garder une autorité qui a été méconnue, et il m'avait offert sa démission.* Que ne l'acceptiez-vous? Du moment qu'on ne lui imposait pas l'obligation de la donner, il était libre de se démettre et vous deviez acquiescer à sa demande. Cet acte de sagesse vous eût concilié la reconnaissance universelle à Forbach, et l'élection légale du commandant eût calmé tous les esprits.

Voilà, SIRE, ce que nous avons à répondre, aux inculpations injustes du sous-préfet de Sarreguemines, inculpations qui ont servi de texte à l'arrêté du baron Sers. Comme ce dernier a cru devoir se justifier dans une lettre adressée, le 27 octobre, à plusieurs notables de Forbach, et dans un article inséré dans le n.° 43, de l'Indicateur de l'Est, nous nous permettrons quelques réflexions à ce sujet, vous priant, SIRE, de mettre nos raisons respectives dans la balance de votre justice.

Dans ces deux écrits, M. Sers reproduit maladroitement les raisons que nous venons de combattre; il croit voir dans l'article 69 de la Charte, que la loi de 1791 qui a servi de règle pour la formation de la garde nationale, est implicitement abrogée; il déclare tenir de source certaine que les autorités civiles ont été méconnues; que la garde nationale a parcouru les rues au pas de charge et tambours en tête; que des hommes repris de justice figurent dans les rangs de cette milice, etc.; et il conclut de ces faits que sa mesure liberticide se trouve suffisamment justifiée. Plus sévères que lui dans nos corollaires, nous répondrons à M. le Préfet qu'une loi n'est jamais abrogée qu'autant qu'une autre loi, discutée par les chambres, est mise en vigueur; et, qu'au surplus, nous ne connaissons pas à la Charte un article 69 qui renverse le système d'élection adopté; d'ailleurs, ces mêmes lois des 29 septembre et 14 octobre 1791, dont M. Sers proclame l'abrogation implicite, il les invoque à l'appui de sa mesure, alléguant, dans un autre paragraphe, qu'elles n'ont pas été suivies tandis qu'elles devaient l'être, selon lui; nous protestons hautement contre l'accusation d'indiscipline, appuyée sur des actes qui n'ont pas eu lieu; et, relativement aux chefs repris de justice qui figurent dans nos rangs, nous dirons à M. Sers qui, du reste, ne l'ignore sans doute pas, que ces citoyens inculpés ont été jugés au tribunal de police correctionnelle, l'un pour délit politique, l'autre pour avoir sauvé la vie à son père qu'on assassinait à coups de pierres; que ces chefs, issus de bonne famille, jouissent de tous leurs droits civiques, et sont dignes de notre confiance; et qu'au reste, dans tous les cas, ce grief ne devait nécessiter qu'une simple réélection. Mais M. Sers a tellement la conscience de la faiblesse radicale de sa cause, que ne voyant dans les lois qui existent aucun texte à l'appui de sa conduite, il appelle à son aide les lois à venir, et particulièrement l'article 7 du projet présenté aux chambres qui met les gardes nationales sous l'autorité du Préfet. Enfin, il ajoute, pour terminer le soutien de sa compétence, que ce n'est point une *dissolution* qu'il a *prononcée, mais bien une suspension de fonctions* espérant donner le change en jouant sur les mots, et repousser le blâme inévitable qui pèse sur sa personne. Mais un Préfet n'a pas plus le droit de suspendre une garde nationale qu'il n'a celui de la dissoudre; sa conduite, dans l'un et l'autre cas, serait également répréhensible; au surplus, le biais que prend M. Sers, fût-il d'une nature justificative, ne lui servirait nullement, car si le mot *dissolution* ne se trouve pas dans son arrêté, le *désarmement* qu'il ordonne en est la conséquence toute naturelle. M. le sous-préfet Coinze, moins prudent que M. Sers, n'a pas craint, d'ailleurs, de prononcer le mot fatal; sa proclamation renferme la phrase suivante: *la dissolution est le seul moyen, etc.*

Le Préfet de la Moselle, non content de défendre le fond de son arrêté, veut encore en disculper la forme: « *Il est conçu en termes modérés; s'il n'a pas dit tous les motifs qu'avait l'autorité pour le prendre, c'est pour épargner un peu de honte à ceux qui le font attaquer aujourd'hui.* » Misérables excuses qui s'anéantissent devant l'arbitraire d'une mesure inique. Si votre arrêté, M. le Préfet, est écrit avec politesse, c'est que l'absence de faits graves vous contraignait vous-même à cacher le tranchant du poignard dont vous avez frappé les habitans de Forbach; quant à la honte que vous avez voulu leur épargner, elle serait tout entière dans l'acte éminemment hostile dirigé contre eux, si tout l'odieux d'une dissolution et d'un désarmement n'était venu salir ceux qui ont provoqué ces violences. Vous demandez *quelles sont les plaintes adressées à l'autorité auxquelles cette autorité n'ait point répondu; vous ignorez encore quelle atteinte a été portée à la liberté dans notre ville*...... Ces deux phrases font supposer chez vous, ou beaucoup de mauvaise foi, ou une ignorance profonde des besoins et des réclamations de vos administrés. Quoi, vous avez oublié toutes les démarches, toutes les réclamations écrites et verbales faites contre le curé Barthel; vous ne vous rappelez pas cette pétition signée de deux cents citoyens, pour obtenir le renvoi d'un pasteur indigne; vous ne savez pas qu'au moment où, pressé pas sa conscience et par les vœux unanimes de la commune, il remit sa démission à M. Coinze, en présence de plus de deux cents personnes, ce dernier la lui rendit, voulant sans doute ajouter une nouvelle honte et de nouvelles peines à celles que votre arrêté nous fait subir?..... Schwartz, le fier Schwartz, notre ancien maire, a été renversé, il est vrai, de sa chaise curule, mais il figure encore au milieu du conseil avec Iung, notre impopulaire commandant, et avec des citoyens parens ou amis de la coterie jésuitique qui nous opprime. Margot, nouveau maire que vous nous imposez, semble créé en haîne de la population. Aucun homme ne pouvait avoir moins de popularité. Il a servi dans les rangs prussiens; il est étranger à Forbach; ne possède pas même des lettres de naturalisation, et ne comprend ni les besoins, ni les intérêts de la ville à la tête de laquelle il est placé. Et c'est au milieu de cet appareil de preuves qui témoignent contre lui, que M. Sers ose nous demander quelle atteinte a été portée à la liberté des habitans de Forbach!... Mais qu'il se rende aux lieux mêmes où il a jeté la désolation, où il a placé l'un contre l'autre deux partis qui s'observent et s'entrechoquent; qu'il vienne, et il verra dans le sein qu'il a déchiré le témoignage de nos justes douleurs; nos plaies, qui saigneront long-tems encore, lui diront plus que nos discours; il demeurera convaincu de l'injuste flétrissure imprimée à quinze cents habitans voués depuis quarante années au culte de l'indépendance dont ils ont encensé les autels en 89; et si notre situation pénible, si notre voix ne parlent pas à son cœur, du moins il s'inclinera peut-être avec respect devant la grande ombre de l'immortel Houchard qui a vu le jour dans nos murs.

SIRE, une destinée fatale s'est appesantie sur votre ville de Forbach; et puisque les circonstances nous permettent de lier aujourd'hui le présent au passé, et de les éclairer l'un par l'autre, veuillez vous rappeler les outrageans soupçons que d'indignes Français ont fait planer sur le vainqueur de Hochstedt; il a payé sur l'échafaud un des plus beaux triomphes de l'ancienne révolution; ses concitoyens ont hérité de la honte alors imprimée au nom de Houchard, et c'est lorsque la postérité reconnaissante commence à lui rendre le tribut d'éloges qu'il mérite, qu'un préfet fait planer de nouveaux soupçons sur une ville pure de tout excès..... SIRE, les cendres de Houchard elles-mêmes, de Houchard, aux côtés duquel vous avez combattu dans les champs de la gloire, sollicitent de la part de VOTRE MAJESTÉ un acte de bienveillance qui donnera un nouvel éclat aux principes de justice et de bonté qui vous caractérisent. Veuillez faire restituer les armes aux concitoyens de l'un des plus généreux guerriers de la république, et, en les mettant à même de veiller encore au salut d'un royaume dont ils forment la garde avancée, vous rendrez un hommage public au héros qui n'est plus, et le nom d'ORLÉANS le fera tressaillir au fond de son tombeau.

Agréez, SIRE, l'expression du respectueux dévoûment avec lequel nous avons l'honneur d'être,

De VOTRE MAJESTÉ,

les très-humbles et très-obéissans serviteurs et sujets.

(*Suivent cent cinquante signatures.*)

www.ingramcontent.com/pod-product-compliance
Lightning Source LLC
Chambersburg PA
CBHW071450060426
42450CB00009BA/2370